RÉFLEXIONS

D'UN

ROYALISTE CONSTITUTIONNEL,

SUR LES DIVERSES BROCHURES QUI ONT PARU
DEPUIS LE 31 MARS 1814;

PAR M. DUCHESNE DE GRENOBLE, AVOCAT.

Bientôt ils vous diront que les plus saintes lois
Maîtresses du vil peuple, obéissent aux Rois;
Qu'un Roi n'a d'autre frein que sa volonté même;
Qu'il doit immoler tout à sa grandeur suprême;
Qu'aux larmes, au travail le peuple est condamné,
Et d'un sceptre de fer veut être gouverné......

RACINE, *Athalie*, acte 4, scène 3.

PARIS,

LAURENT-BEAUPRÉ, LIBRAIRE,

Au Palais-Royal, Galerie de Bois, n.° 218.

1814.

RÉFLEXIONS

D'UN

ROYALISTE CONSTITUTIONNEL,

SUR LES DIVERSES BROCHURES QUI ONT PARU
DEPUIS LE 31 MARS 1814.

———

Tous les bons Français ont applaudi à l'heureuse révolution qui les affranchit enfin de la tyrannie de Buonaparte; à la nouvelle de ce grand événement, ils ont oublié jusqu'aux calamités d'une guerre devenue désastreuse; leurs cœurs long-temps flétris se sont ouverts de nouveau à l'espérance; et leurs acclamations ont redoublé, quand ils ont appris que le prince appelé à cicatriser leurs blessures, étoit un descendant de Henri IV. Ce nom magique a rallié tous les partis; il a étouffé les foibles murmures qu'auroient pu faire éclater quelques ambitions déçues, quelques craintes sans fondement; d'un bout de la France à l'autre, des cris unanimes se sont fait entendre, et l'auguste chef de la maison de Bourbon a été salué Roi.

Toutes les passions, toutes les haines paroissoient éteintes; mais le calme n'a pas été long. On a parlé de constitution, le Sénat en a présenté une.... Et le feu qui couvoit sous la cendre s'est aussitôt rallumé.

1

L'éruption d'un volcan n'est pas plus terrible; cent au-
teurs se sont élancés successivement dans l'arène; ils se sont
annoncés comme les amis des Bourbons, et ils ont donné
lieu de douter s'ils ne cherchoient pas au contraire à des-
servir leur cause.

C'est le testament de Louis XVI à la main, qu'ils ont
marqué du sceau de la réprobation une classe nombreuse
de citoyens; le nom du *bon Roi* étoit à chaque instant
dans leur bouche; mais à les entendre, on auroit dit qu'ils
avoient toutes ses maximes en horreur. Malheur à qui ne
connoîtroit les Bourbons que par eux : il finiroit peut-être
par imiter l'aveuglement de ces Américains qui repoussoient
le vrai Dieu, par cela seul qu'il étoit le Dieu des Espagnols.

Voilà pour la forme : quant au fond, ils ont soutenu qu'il
ne nous falloit pas de constitution; — que le Sénat n'avoit
pas même le droit de présenter un projet de constitution,
et que celui qu'il avoit présenté ne pouvoit pas être ac-
cepté; — que c'étoit au Roi à nous donner une constitution; — que cette constitution enfin devoit concentrer tous
les pouvoirs entre les mains du Roi.

Examinons avec eux ces différentes questions, et nous
resterons convaincus qu'ils ressemblent beaucoup à ces
hommes pour qui la patrie est un mot vide de sens, et
qui, sous le voile du bien public, cherchent simplement à
cacher leurs ressentimens particuliers, ou à se frayer la
route des honneurs et de la fortune.

(5)

§ I.er

Faut-il à la France une constitution?

Qu'avant la révolution on eût hésité sur la réponse à faire à cette question, je le concevrois jusqu'à un certain point; il existoit de grands abus, mais la popularité du monarque donnoit lieu d'espérer qu'on les ve roit bientôt disparoître; le Gouvernement étoit absolu, mais les formes du commandement étoient assez douces; le souvenir des Louis XI et des Charles IX, des Richelieux et des Mazarins se perdoit presque dans la nuit des temps; en un mot, on ne savoit pas ce que c'étoit que le despotisme en action.

Mais qu'après le règne affreux de Buonaparte, qu'après tant d'exemples des excès auxquels peut se porter une autorité sans limites, on doute encore de la nécessité d'une constitution, c'est ce qui me paroît à tous égards inexplicable.

Au surplus, jetons les yeux autour de nous. L'Espagne a combattu pendant six ans pour ses Rois, et cependant elle s'est donné une constitution; (1) la Hollande vient de se choisir un chef, et ce chef lui-même a exigé que son autorité fût limitée; l'Italie, en se jetant dans les bras de l'Autriche, a demandé qu'on lui garantît le libre exercice

______

(1) Les journaux nous annoncent que Ferdinand VII a dissous les Cortès et déchiré leur constitution..... Je trouvois, comme tous les gens sages, que dans cette constitution, l'autorité du Roi étoit trop restreinte; mais Ferdinand avoit, ce me semble, un autre moyen de faire reconnoître ses droits, et j'ai peine à me persuader que l'inexorable hisoire approuve jamais un pareil coup d'autorité.

de ses droits civils et politiques ; enfin la Norwège n'offre-t-elle pas, de son côté, à l'Europe le spectacle d'une nation qui veut être libre sous l'autorité tutélaire d'un Roi ? Lorsque des Colonnes d'Hercule aux climats glacés du pôle, le besoin d'une régénération se fait ainsi sentir, il seroit étrange que ce grand exemple fût perdu pour la France, et qu'on la vît, comme le Danemarck dans le dernier siècle, mendier l'esclavage, de la même main qu'elle arma naguère pour le triomphe des idées libérales.

Il y a mieux, l'intérêt même des Bourbons exige que nous ayons une constitution : on ne sauroit se dissimuler que Buonaparte et sa famille avoient acquis une sorte de droit à la couronne ; ce droit, ils le tenoient des Sénatus-Consultes organiques, des 16 thermidor an 10 et 28 floréal an 12, qui avoient été légalement sanctionnés par la nation. Le seul moyen de faire disparoître l'espèce de titre qu'on pourroit s'en faire dans l'occasion, c'est donc de présenter aux Français une nouvelle chartre constitutionnelle, qu'ils accepteront sans hésiter, et qui empêchera que ce nom détesté de Buonaparte ne soit jamais le signe de ralliement de quelque faction.

Mais, nous dit-on, il faut s'en tenir aux institutions que la France avoit avant la révolution ; elles étoient aussi sages que simples. (1) Quoi donc ! elles étoient sages ces institutions qui, avant Louis XVI, toléroient les tortures et l'esclavage, et qui privoient trois millions de Protestans de la qualité de citoyens ! Elles étoient sages ces institutions qui, même en 1789, faisoient peser sur le peuple tout le poids

---

(1) Du principe et de l'obstination des Jacobins ; par l'abbé Barruel.

de la féodalité ; qui affranchissoient la noblesse et le clergé du paiement des impositions ; qui excluoient le tiers-état de la plupart des places du royaume ; qui avoient régularisé l'odieux système des lettres de-cachet ; et qui, enfin, grâce à l'appareil des lits de justice, rendoient même impuissante la résistance illégale des parlemens!..... Dans sa grossière ignorance, un barbare appelleroit cela le chaos ; il étoit réservé à quelques royalites du dix-neuvième siècle d'en faire le *nec plus ultrà* de la civilisation.

- Mais, observe-t-on encore, sous un souverain légitime, qu'importe les institutions ? il aime ses sujets ; et les gouverne en père. (1) Pendant quatorze siècles qu'a duré la monarchie, le gouvernement n'a été troublé par aucune faction qui se soit élevée contre l'usurpation que le souverain auroit faite des droits du peuple. (2) Je vais répondre par des faits. Je ne remonte que jusqu'à Philippe de Valois ; depuis son règne jusqu'à nos jours, vingt rois sont successivement montés sur le trône, et cependant la France ne se rappelle avec reconnaissance que les noms de Louis XII et de Henri IV ; sous le roi Jean, je vois qu'au rapport de Mezeray, les gentilshommes qui pilloient et rançonnoient le peuple, l'appeloient encore par dérision *Jacques le bon homme*, et que ce fut là la cause de la guerre de *la Jacquerie* ; je remarque que sous Louis XI, le royaume fut long-temps troublé par la guerre *du bien public* ; j'observe enfin que les querelles de religion, qui ont ensanglanté la France depuis François II jusqu'à Louis XV, prirent leur source dans l'intolérance de la cour...... et je ne sau-

---

(1) De la constitution qui convient au peuple Français ; par Désprades.
(2) Réflexions rapides et familières sur la constitution.

rois trop m'étonner de ce qu'on transforme ainsi quatorze siècles d'oppression en quatorze siècles de bonheur.

Mais notre position géographique , mais l'obligation où nous nous trouvons d'entretenir une armée considérable , mais les élémens divers dont se compose notre population , sont autant d'obstacles qui s'opposent à ce que nous ayons une constitution libre. (1)

Sous Henri VIII, sous Elisabeth, sous Cromwel, on disoit aussi que la position géographique de l'Angleterre, et mille autres raisons de cette force, exigeoient qu'elle fût gouvernée despotiquement. Un grand-visir soutiendra aujourd'hui que la Grèce n'est pas située de manière à être jamais libre. Défendre sa cause avec de pareils moyens, c'est la décréditer complétement.

Mais à quoi servent les constitutions (2)? En Angleterre, la grande chartre imposée à Jean-Sans-Terre n'a point empêché la nation de prodiguer son sang et ses trésors pour l'interminable querelle des maisons de Lancastre et d'York; elle n'a été qu'une impuissante barrière contre le despotisme de Henri VIII; et elle a servi de marche-pied à la tyrannie de Cromwell. En France, dans le court espace de vingt-cinq ans, les constitutions ont succédé aux constitutions; et sous leur empire, Robespierre a été remplacé par le Directoire; le Directoire l'a été par Buonaparte.

Que les constitutions soient toujours des digues assez fortes pour contenir un souverain ambitieux, c'est malheureusement ce qui est démenti par l'expérience; mais elles sont la mas-

---

(1) Lettres écrites de Normandie sur la constitution.

(2) Un Sénat et non pas le Sénat.

sue avec laquelle une nation, poussée à bout, les précipite du trône. Jacques Ier. disoit bien à son Parlement : *Je ne serai jamais content que l'on dispute sur mon pouvoir ; un Roi est au-dessus de la loi.* Buonaparte disoit bien aussi : *La nation, c'est moi ; le dernier homme et le dernier écu de la France m'appartiennent.* Mais la postérité du premier fut deux fois proscrite ; et quant au second, il n'a pas voulu mourir..... En est-il plus heureux ?

Au reste, veut-on savoir pourquoi ces sept ou huit constitutions qu'on nous a successivement données, n'ont pas pu faire notre bonheur ? Il y manquoit un des premiers anneaux de la chaîne qui sert à lier tous les intérêts ; il y manquoit ce contre-poids, qui seul peut balancer tous les pouvoirs ; il y manquoit enfin le nom des Bourbons. Qu'on y place ce nom respecté, et toutes les occasions de froissement cesseront, et le corps politique ne sera plus arrêté dans sa marche, et rien ne s'opposera désormais à ce que nous jouissions des bienfaits d'une constitution libérale.

Mais voilà qui paraît trancher toutes les difficultés : le peuple ne veut point de constitution ; ce cri *funeste* ne s'est jamais mêlé aux cris de *vive les Bourbons* ; (1) et les nombreuses adresses qui sont parvenues jusqu'ici aux pieds du trône, ne parlent presque jamais de constitution ; quelques-unes expriment même le vœu que nous n'en ayons point.

Je sais très-bien que le chef d'un de nos premiers corps de magistrature s'est permis de dire au Roi, *que le véritable pacte entre un père et des enfans qui se réunissent,*

---

(1) Lettre à sa majesté l'empereur de Russie, par Marignié.

étoit une soumission respectueuse ; que l'indépendance des tribunaux étoit dans leur fidélité au prince. Mais quinze mois auparavant, il avoit dit à Buonaparte, *que son autorité n'auroit jamais de plus fermes appuis que les magistrats; qu'ils étoient prêts à faire toute espèce de sacrifices pour sa personne sacrée et pour la perpétuité de sa dynastie.....* Si la crainte le forçoit alors à déguiser ses vrais sentimens, ne seroit-il pas possible qu'aujourd'hui un zèle désintéressé l'eût entraîné hors de toutes les bornes, et lui eût fait oublier les premiers principes du droit public ?

J'ai bien lu aussi dans l'adresse du conseil général du département de la Seine-Inférieure, *que les Français ne vouloient d'autres lois que celles qui seroient inspirées au Roi par son amour pour ses peuples.* Mais si l'illustre personnage qui étoit à la tête de cette députation, a pu approuver un instant l'expression de cette étrange maxime, sans doute que la raison s'est empressée de désavouer le cri inconsidéré qui s'étoit échappé de son cœur.

Je sais bien enfin que les députés de la ville de Bordeaux ont demandé *qu'en expiation de ses crimes la France confiât exclusivement au Roi le soin de ses futures destinées.* Mais j'ai peine à me persuader que ce soit là le véritable vœu des habitans de cette grande cité : il ne faut point juger des sentimens de la nation par ceux qu'expriment de plats rédacteurs d'adresses, qui portent peut-être à leur boutonnière le ruban dont on paya naguère leur servile adulation.

Il ne faut pas en juger non plus d'après les hommes qui étoient tout sous l'ancien régime, et qui craignent de voir leurs p. rogatives diminuées. Comme on l'a très-bien ob-

servé (1)*; proposez-leur une constitution dans laquelle tous les hommes, toutes les places seront pour eux ; et de ce moment ils seront les premiers à dire que cette constitution est le Palladium de la monarchie.* De pareils hommes ne sont ni royalistes, ni constitutionnels : ils savent compter, voilà ce qu'on peut en dire de mieux.

Je crois avoir un moyen plus sûr de m'éclairer sur les dispositions de l'immense majorité des Français. Je me reporte à cette époque où Buonaparte régnoit encore ; et où il avait hasardé de convoquer le Corps législatif ; je me rappelle ce discours dans lequel M. Lainé avoit osé parler d'institutions, de limites constitutionnelles, de liberté ; je le vois colporté avec empressement dans tous les cercles, lu avec avidité par tous les partis ; je vois enfin que ce même Corps Législatif contre lequel il existoit tant de préventions, a reconquis tout à coup l'opinion publique, que sa disgrâce a été un véritable triomphe, que maintenant la nation met en lui une grande partie de ses espérances. Je me dis que le Corps Législatif ne seroit rien de tout cela, s'il n'eût pas approuvé, ou même provoqué le noble courage de M. Lainé ; et j'en conclus, et tout le monde en conclura avec moi, que la France veut avoir une constitution.

Ce mot, il est vrai, n'a presque jamais retenti sur le passage du Roi ; on le trouve rarement consigné dans des adresses de félicitation. Mais la raison en est simple ; c'est à la nation, et exclusivement à la nation, qu'appartient le droit de se donner une constitution : sous ce rapport, elle n'a rien à recevoir du Roi ; elle n'a donc rien aussi à lui demander.

---

(1) Lettres écrites de Méry-sur-Seine.

§. I I.

*Le Sénat avoit-il le droit de nous présenter un projet
de constitution ? Ce projet étoit-il inadmissible ?*

Les cris de fureur qui ont éclaté dans ces derniers temps
contre le Sénat confirment deux grandes vérités : la première, que celui qui a composé souvent avec ses devoirs,
ne peut jamais se le faire pardonner ; la deuxième, que quand
quelqu'un est à terre, on lui fait des crimes de tout.

Le Sénat a prononcé la déchéance de Buonaparte à une
époque où cet homme étoit entouré d'une armée nombreuse,
et où il paroissoit menacer Paris ; il nous a rendu en outre
un véritable service en rappelant les Bourbons sur le trône.
On devroit donc lui savoir quelque gré , et de ce service et
de cet éclair de courage.

Mais, dans d'autres circonstances, sa conduite avoit été
entachée de foiblesse ; mais jusqu'ici , son langage avoit été
celui de la flatterie : il en porte aujourd'hui la peine ; on
ferme les yeux sur le bien qu'il a fait, en prononçant cette
déchéance ; et l'on va jusqu'à dire que ce n'étoit pas à lui
à la prononcer ; et l'on se récrie sur le droit qu'il s'est ar-
rogé de nous présenter un projet de constitution ; et l'on
s'indigne de voir dans ce projet un article qui lui garantit
une nouvelle existence; et on le condamne sans pitié au
néant dont Buonaparte l'avoit tiré.

Ainsi trois reproches qu'on lui adresse, et que je vais
successivement examiner.

La question de savoir si le Sénat pouvoit prononcer la
déchéance de Buonaparte, n'est nullement problématique :
il étoit chargé de veiller sur la constitution , et d'empêcher

la dissolution du corps social : la constitution avoit été foulée aux pieds à plusieurs reprises : peu importoit que cette constitution déclarât Buonaparte inviolable : quand toutes les bornes sont franchies d'un côté, chacun rentre dans son droit naturel, et l'histoire de l'Angleterre est là au besoin pour nous en offrir un exemple. D'ailleurs, l'ennemi étoit dans Paris ; il menaçoit de tout bouleverser si le chef du gouvernement ne changeoit pas ; il s'adressoit au Sénat pour prendre les mesures que commandoit la gravité des circonstances : nul doute donc que, jusqu'ici, la conduite du Sénat n'ait été très-régulière.

Mais la déchéance une fois prononcée, sa mission étoit-elle nécessairement terminée ? la nature des fonctions qui lui avoient été confiées par la constitution de l'an 8 et par les sénatus-consultes subséquens, formoit-elle obstacle à ce qu'il s'occupât de poser des bases sur lesquelles l'édifice social devoit être reconstruit ? Non, assurément ; il se trouvoit placé seul au timon de l'Etat; le Corps-Législatif étoit dispersé; l'inquiétude des esprits étoit générale, et tous les partis étoient en présence ; il ne s'agissoit donc pas de savoir si le droit de préparer une constitution appartenoit au Corps-Législatif; c'étoit d'autant moins le cas d'agiter cette question, que le Corps-Législatif, lui-même, n'avoit peut-être pas de mandat bien direct pour s'occuper d'une constitution. Dans un pareil état de choses, le Sénat a donc fait très-sagement de passer un peu par-dessus les formes, et de chercher à nous préserver de l'anarchie.

Au surplus, en s'obstinant à soutenir que le Sénat étoit dissous par le fait même de la déchéance de Buonaparte, et qu'il n'étoit plus qu'une association d'individus sans caractère politique et sans droit (1); on ne fait pas réflexion à une chose, c'est que le Gouvernement provisoire, qui étoit l'ouvrage du Sénat, auroit été également dissous; que par conséquent l'Etat seroit resté à la merci du premier général ambitieux que les légions auroient élevé sur un bouclier, et proclamé *Roi*.

Voici au reste qui est décisif : en s'occupant d'un projet de constitution, le Sénat n'a fait que déférer aux ordres de l'Empereur de Russie; et comme on l'a judicieusement observé (2), quand un Gouvernement périt par la conquête, tout cesse, tout finit avec lui, excepté ce qu'épargne et conserve le vainqueur.—Ainsi, il est indubitable que ce que le Sénat a fait, il avait le droit de le faire, sauf la ratification du Corps-Législatif et de la nation.

Maintenant devoit-il insérer dans la constitution un article portant que la dignité de sénateur étoit inamovible et héréditaire; que les sénateurs actuels faisoient partie du Sénat, et conservoient leur dotation à perpétuité, sans être tenus d'en faire part à leurs nouveaux collègues?

Un homme, qu'on n'accusera pas, je crois, de partialité pour le Sénat, a posé le principe que le salut du peuple est la suprême loi (3); je m'empare de cet aveu, et je dis : Si toutes les places de sénateurs étoient laissées, dès ce moment, à la nomination du Roi, il céderoit peut-être trop au cri de la reconnoissance et de l'amitié; il n'appelleroit au Sénat que les compagnons de son exil, ou les hommes qui, en France, lui sont restés constamment fidèles : il en résul-

---

(1) Réflexions de M. Bergasse.
(2) Lettre à M. Bergasse par le maire de la ville de V.
(3) Du principe et de l'obstination des Jacobins, par l'abbé Barruel.

teroit que la Chambre Haute feroit toujours cause commune avec le Roi contre le peuple ; que chacun de ses membres y apporteroit des préjugés enracinés par le temps, des ressentimens, aigris par vingt ans de persécutions. Grâce à une pareille composition de la Chambre Haute, l'équilibre des pouvoirs seroit détruit ; et il arriveroit de deux choses l'une, ou que le despotisme étoufferoit la liberté, ou que l'anarchie renaîtroit une seconde fois des ruines de la liberté.

Quel que soit ce danger cependant, on ne veut pas que de pareilles places soient la récompense du crime et de la foiblesse.....

Oui, sans doute, les sénateurs ont été foibles ; mais quand ils votoient simplement pour que le consulat de Buonaparte fût prorogé de dix ans, on se précipitoit en foule pour voter le consulat à vie ; et au Tribunat, messieurs Carnot et Duchesne sont les seuls qui aient résisté au torrent.

Oui, sans doute, les sénateurs ont été foibles ; mais le Corps-Législatif l'a été aussi, lui qui ajoutoit toujours de nouveaux impôts à des charges déjà accablantes ; mais les conseils généraux des départemens et les maires de toutes les villes de l'Empire l'ont été de leur côté, eux qui, à chaque nouvelle guerre, venoient faire preuve d'un nouveau dévoûment ; mais les évêques et les archevêques de tout le royaume l'ont été également (1), eux qui appeloient Buonaparte le nouveau Cyrus, qui, dans leur catéchisme, le nommoient l'Oint du Seigneur, et qui soutenoient que Dieu étoit descendu sur la terre, pour y établir la conscription.

Les sénateurs ont été foibles, j'en conviens ; mais cette noblesse, qui revendique aujourd'hui leurs places, n'a-t-elle

---

(1) De la constitution de 1814, par M. Grégoire.

pas aussi encensé l'idole, qu'elle auroit dû chercher à ren-
verser; et tel qui refusoit les honteuses fonctions de Cham-
bellan, auroit-il résisté à l'attrait d'une Préfecture ou d'une
Ambassade? Au milieu de cette corruption générale, peut-
on s'étonner de ce que les sénateurs ne sont pas morts en
Romains sur leurs chaises curules? En vérité, je serois
presque tenté de dire comme Jésus-Christ aux ennemis de la
femme adultère: *que celui-là leur jette la première pierre,
qui n'a rien à se reprocher.*

Quant à leurs crimes, je vous entends.... Le nom de
Régicide est sorti de votre bouche, et, pour quelques-uns
d'entre eux, c'est une tache inefaçable. (1)

J'oserai faire ici ma profession de foi toute entière; je
repousse loin de moi la dangereuse maxime qu'un roi est
justiciable de la nation qu'il est appelé à gouverner; je
pense que dans l'intérêt même du peuple son chef doit être
inviolable, et que par le cas très-rare où il franchiroit toutes
les bornes, la déchéance doit être la seule peine de ses
attentats; je pense encore que Louis XVI n'avoit mérité
ni la mort ni la déchéance; je pense enfin que ses accusa-
teurs ne pouvoient pas être ses juges.

Et, cependant, je ne saurois me persuader que tous
ceux qui l'ont condamné soient des monstres indignes de
pardon.

Je me demande d'abord, pourquoi, dans ce système, on
ne marque pas aussi du sceau de l'infamie tous les conven-
tionnels qui, sans voter la mort de Louis XVI, se sont
constitués ses juges, et se sont ainsi rendus coupables de
forfaiture?

____

(1) Appel d'un Français à ses concitoyens, par M. de Propiac.

Ensuite, à l'égard des Régicides proprement dits, s'ils ne furent qu'égarés, ils sont bien malheureux ; s'ils furent plus que cela, ils sont bien coupables.... Mais en révolution, il ne faut pas toujours juger les hommes par une seule de leurs actions ; mais un bon Roi est l'image de Dieu sur la terre. Le nôtre doit donc pardonner, comme lui, à l'homme dont toute la conduite annonce le repentir, qui depuis fut citoyen fidèle, magistrat intègre, administrateur éclairé. Il doit donc pardonner à l'homme qui prépara la chute de la tyrannie Décemvirale, qui investi à plusieurs reprises de la confiance de Buonaparte, osa faire arriver la vérité jusqu'à lui, et qui vit tout Paris en deuil à la nouvelle de sa dernière disgrâce. Il doit donc pardonner enfin à l'homme qui, au milieu des orages de la révolution, consacra exclusivement ses veilles à assurer le triomphe et la subsistance de nos armées ; qui, appelé à une des premières places de l'état, ne voulut jamais composer avec l'anarchie et fût victime d'une honorable proscription ; qui, au risque d'encourir la haine de Buonaparte, vota contre le Consulat à vie et contre l'Empire ; et qui aujourd'hui encore, feroit presque douter qu'il ait jamais eu une seule faute à se reprocher.

— Mais on leur pardonne.... on se contente de les priver de leurs emplois..... Quelle froide dérision ! pardonne-t-on à l'homme qu'on laisse vivre et qu'on déshonore ? un voleur lui-même ne voudroit pas du triste bienfait de la vie, si cette marque infamante qu'on lui met ordinairement sur l'épaule, il se la voyoit imprimer sur le front.

Les sénateurs actuels devoient donc tous conserver leurs places. — Mais, au moins, il auroit fallu que ces places ne fussent pas héréditaires. Les voilà premiers pairs du royau-

me , eux qui ont déclamé avec véhémence contre les titres ,
les distinctions, les priviléges ; et les Montmorencys , les
Clermont-Tonnerres ne marcheront qu'à leur suite ! (1)

Si dans une monarchie mixte ; la Chambre-Haute doit
être héréditaire , cette objection n'aura plus aucun poids ;
il sera tout simple de voir siéger d'anciens magistrats et
d'habiles négocia . à côté des Montmorencys et des Clermont-Tonnerres ; une personne dont la haute sagesse ne
sera pas suspectée , l'a dit , à ce qu'on assure : *Nous
datons tous du premier avril* ; et il y auroit même entre
eux ce point de rapprochement, qu'à l'aurore de la révolution, ils s'étoient tous également prononcés contre les distinctions de naissance.

Or , c'est déjà beaucoup pour le Roi d'avoir la nomination des places qui viennent à vaquer , faute d'héritiers di-
rects ; s'il avoit encore la nomination des autres , tous les
membres de cette Chambre se croiroient attachés à lui par
le lien sacré de la reconnoissance , et il n'y auroit point
d'équilibre. Il est bien vrai de dire , qu'on court alors le
risque de voir des gens incapables siéger dans le premier
corps de l'Etat ; mais on pourroit se demander, s'il ne vaut
pas mieux encore s'en rapporter au hasard qu'à la faveur.

Les places de sénateurs devront donc être héréditaires. —
Maintenant , sur le chapitre des dotations , je ne sache pas
qu'on ait dit quelque chose de raisonnable. En faisant les sénateurs héréditaires , et en conférant cette dignité à des hommes
pour la plupart sans fortune , il falloit bien leur donner
de quoi soutenir leur rang ; il falloit bien leur assurer 25 à

---

(1) Réflexions de M. Bergasse.

3o mille livres de rentes ; et tout étoit concilié par la disposition portant que les dotations retourneroient au trésor
public, en cas de mort sans enfans.

Mais, observe-t-on, dans le système de la Constitution
du Sénat, les nouveaux sénateurs n'auroient point eu de
dotations, et cela seul étoit d'une injustice criante.

Je m'étonne que presque tout le monde ait aussi mal lu
l'article : il se contente de dire que les nouveaux sénateurs
ne peuvent avoir part à la dotation affectée aux anciens : la
disposition n'auroit été révoltante, qu'autant qu'elle les auroit exclus de toute espèce de dotation ; mais c'est ce qu'elle
n'avoit point fait : par conséquent, elle ne formoit pas obstacle à ce, qu'imitant en cela l'Angleterre, on votât en leur
faveur, et selon les circonstances, une dotation proportionnée
à leurs services.

Voilà donc le Sénat qui me paroît absous des trois grands
crimes qu'on lui imputoit ; et cependant je trouve que sa
Constitution étoit vicieuse, sous plusieurs rapports.

D'abord, l'article qui lui est personnel auroit été mieux
placé dans une loi organique ; quoique le Roi fût absent,
il y avoit possibilité de s'assurer sur cela de ses dispositions ;
et, en prenant ce détour, toutes les convenances auroient
été observées. Un législateur doit paroître s'oublier complétement ; il faut qu'il ait l'air de s'être exilé comme Ly-
curgue ; quand il a stipulé pour ses propres intérêts, le
code de ses lois n'est plus autre chose qu'une pièce de mar-
quetterie, qui porte l'empreinte de la main des hommes.
Numa pouvoit bien dire à toute force qu'il tenoit de la
divinité les lois qu'il donnoit aux Romains. Dans le siècle
même de la superstition, j'ai peine à croire que le Sénat
pût jamais en dire autant.

2

Ensuite, indépendamment des omissions que renferme cette constitution, j'ai à lui faire un grave et *dernier* reproche ; le Sénat ne l'a soumise qu'à l'acceptation du peuple et du Roi ; il a sauté à pieds joints par dessus la discussion et l'acceptation préalables du Corps-Législatif. Cependant il n'avoit pas reçu de mandat spécial pour s'occuper de ce travail ; par la nature de ses fonctions, il n'en étoit point naturellement chargé ; si la force des circonstances lui en avoit fait un devoir, ce n'étoit pas moins là une sorte d'usurpation sur l'autorité législative ; et le seul moyen de la légitimer, c'étoit de la faire consacrer, si j'ose ainsi dire, par les représentans de la nation.

De cette manière tout auroit été régulier ; et il en seroit résulté cet avantage inappréciable, que quand on auroit remis au Roi une constitution émanée des deux premiers corps de l'Etat, et sanctionnée à l'avance par de nombreux actes d'adhésion, il ne se seroit point cru autorisé à la mettre complétement de côté, et à la remplacer par une Déclaration qui laisse une partie de nos droits en suspens. Il auroit pu présenter des observations, il auroit pu faire faire à cette constitution des changemens considérables ; mais les rôles n'auroient pas été renversés ; mais la souveraineté de la nation n'auroit pas été mise en problème.

§ III.

Est-ce au Roi à nous donner une Constitution ?

Pour la solution de cette importante question, il convient de remonter aux principes.

Lorsque des hommes dans l'état de nature se réunissent

en société, ils ont certainement le droit exclusif de régler
d'une manière quelconque les conditions de leur association ; personne ne peut encore les commander ; l'acte par
lequel ils se choisissent un chef ou un Roi, ne peut précé-
der celui qui les constitue corps de nation ; il n'est qu'une
émanation du premier.

Et ce qui seroit vrai pour le cas où la société vient de
se former, l'est nécessairement aussi pour le double cas où
le Roi que la nation s'étoit choisi, viendroit, soit à abdi-
quer, soit à prescrire ses droits originaires : dans la supposition même où cette nation auroit pu se départir en faveur
du Roi de sa souveraineté primordiale, il est clair que le
contrat étant dissous par le fait même du Roi, la nation
reprendroit sans difficulté l'exercice de sa première puissance.

Cela posé, que la France se trouve dans l'un de ces deux
cas, et il sera incontestable que sa situation est celle où elle
se trouveroit si elle se formoit aujourd'hui en corps de nation ; qu'ainsi elle seule devroit régler la forme de son gouvernement.

Or, les Bourbons n'ont pas abdiqué leurs droits au
trône ; reste donc à savoir s'ils les ont prescrits, et pour
cela il faut examiner deux questions : l'une de fait, l'autre
de droit.

La question de fait est celle-ci : les François ont-ils reconnu volontairement un autre Gouvernement que celui
des Bourbons ? Elle est tranchée par l'inspection des regis-
tres où sont déposés les votes relatifs à la constitution de
l'an 8, au Consulat à vie et à l'Empire, et qui contiennent
l'expression du vœu de quatre millions de citoyens ; elle
est tranchée encore par les divers sermens qu'ont prêtés

chaque fois tous les employés civils et militaires; elle est tranchée enfin, par la circonstance que depuis la guerre de la Vendée, c'est-à-dire depuis plus de douze ans, il ne s'est pas formé un seul parti en leur faveur.

La question de droit se réduit à savoir si, dans la supposition où une famille privilégiée auroit un droit exclusif à la souveraineté d'un pays, ce droit peut se prescrire comme tout autre, par le non-usage, quelle qu'én soit la cause. Or cette question, notre propre histoire la résoudra : ce fut la violence seule qui fit monter Pepin sur le trône de Childéric, et cependant Pepin ne passe pas pour un usurpateur. Ce fut encore la violence qui détrôna l'héritier de Louis-le-Fainéant, et néanmoins. Hugues Capet est rangé dans la classe des Rois légitimes. Maintenant, si de notre histoire nous passons à celle d'Angleterre, c'est la maison de Tudor qui remplace violemment la maison de Plantagénet; c'est la maison de Brunswick qui chasse du trône les héritiers de Marie-Stuart; et l'histoire n'a flétri le nom ni de Henri VII, ni de Guillaume comte d'Orange.

Comment soutenir d'après cela, que les Bourbons n'ont pas prescrit leurs droits à la souveraineté de la France? Si depuis 1789, il s'est écoulé un laps de temps moins considérable que depuis la dernière révolution d'Angleterre, les événemens se sont succédés chez nous avec une telle rapidité, le cercle de nos idées s'est tellement agrandi, qu'en vingt ans nous avons parcouru plus d'un siècle, et qu'il est impossible de nous faire rétrograder jusqu'au point d'où nous sommes partis.

On paroît accorder que les droits d'un roi peuvent se prescrire; mais on soutient qu'on ne peut alléguer comme une vraie prescription toutes ces années de violence, de forfaits et de désordres qui viennent de s'écouler (1). La réponse à cette objection est bien simple : la prescription en matière civile n'est pas seulement fondée sur la présomption qu'on est libéré, elle est fondée aussi sur la nécessité de mettre un terme aux contestations. En politique, elle doit être aussi fondée sur ce dernier motif, et avec la différence même que la prescription qui résulte de la violence doit forcément produire son effet, parce qu'elle est la seule dont il puisse être question entre un Roi et une Nation.

A n'envisager les choses que sous ce point de vue, il seroit donc indubitable que la France a aujourd'hui le droit de se donner elle-même une constitution. Pour ne rien laisser à désirer toutefois, admettons que la prescription n'est point acquise contre les Bourbons; mais faisons alors un nouveau retour sur les principes, et recherchons, si même dans l'état naturel des choses, si quand il n'y a ni abdication ni prescription, c'est au Roi que ce droit peut appartenir.

Une constitution est une loi, et une loi plus solennelle que les autres : or une loi est l'expression de la volonté générale. Une nation en se choisissant un chef, et en lui conférant une autorité même très-étendue, n'a donc pas pu lui déléguer le pouvoir de modifier sa constitution, parce que ç'eût été mettre le caprice d'un seul à la place de la volonté de tous.

En d'autres termes, on ne sauroit changer ce qui appartient à l'essence même des choses; or, le contrat originaire qui s'est formé entre les divers membres du corps social

---

(1) Du principe et de l'obstination des Jacobins, par l'abbé Barruel.

les oblige simplement à soumettre leur opinion individuelle à ce qui sera l'opinion de tous : le contrat ne peut être dénaturé; il est donc de l'essence de la loi, et surtout d'une constitution, qu'elle émane exclusivement de la nation.

Quel blasphême, s'écrie-t-on ! Une monarchie est une famille dont le père est le chef; et dans une famille, le père est le seul juge des limites qu'il doit mettre à son autorité.

Avant tout, il faut savoir de quelle famille on entend parler. Si c'est d'une famille dans laquelle les enfans sont encore à la lisière, je soutiens que la comparaison n'est pas juste. Si, au contraire, on compare la monarchie à une famille dont les membres sont tous dans l'âge de la raison, je ne m'y oppose point.

_ Mais aussi dans une famille de cette espèce, il n'y a qu'une convenance commune qui en tienne les membres rapprochés ; le lien naturel qui les unissoit est dissous, et la famille ne se maintient plus que par convention. Ainsi ce n'est pas là une très-bonne preuve du droit prétendu qu'a le Roi de nous donner lui-même une Constitution.

On insiste, et l'on dit : Il est notre Souverain, notre Maître légitime. —Non, il n'est pas notre maître; car l'idée de maître rappelle celle de servitude, et, grâce au ciel, nous ne sommes pas encore des esclaves: il n'est pas mieux notre souverain, car la souveraineté bien définie n'est autre chose que l'union de toutes les volontés, et elle ne peut se trouver rassemblée sur la même tête. Il est notre Roi légitime aux yeux de ceux qui pensent que les Bourbons n'ont pas cessé de régner sur la France ; pour les autres, il est un Roi constitutionnel de qui nous attendons notre bonheur, en qui nous mettons toutes nos espérances. Mais ni l'un ni

l'autre de ces titres ne l'autorise à s'élever jusqu'aux fonctions de législateur.

On a cru trouver dans les livres sacrés la preuve irréfra-
gable que les Rois avoient été établis par Dieu même ; d'où
l'on a conclu que , ne tenant pas le pouvoir du peuple , ce
n'étoit pas le peuple qui étoit souverain ; et à ce sujet , on
a cité l'Ecclésiaste où il est dit que Dieu *in unamquam-
que gentem preposuit rectorem* (1).

Je ne conteste pas la citation : moi , profane , je puis l'a-
vouer sans honte , je n'ai jamais lu l'Ecclésiaste ; mais j'ai
parcouru quelquefois l'ancien Testament , et je crois me rappeler que le prophète Samuel disoit de la part de Dieu ,
aux Juifs qui lui demandoient un Roi : *Hoc erit jus re-
gis : filios vestros tollet et ponet in curribus suis : filias
quoque vestras faciet sibi unguentarias : agros vestros
dabit servis suis*, etc. etc. ; *et clamabitis, et non exau-
diet vos Dominus, quia petistis regem*. Il me paroît dif-
ficile de concilier un texte aussi précis avec l'idée que les
Rois sont d'institution divine ; et s'ils sont l'ouvrage des
hommes, ils n'ont d'autre autorité que celle que les hommes leur ont concédée.

Un écrivain distingué a fait ce singulier raisonnement :
De ce que le Roi, dont les lumières et les intentions paternelles sont connues, a, dit il, une grande chartre à nous
présenter, il en conclut que nous ne devons pas nous faire
ses instituteurs, et que nous devons recevoir avec un
respect religieux la Constitution qu'il lui plaira de nous
donner (2).

---

(1) Du principe et de l'obstination des Jacobins , par l'abbé Barruel.
(2) Réflexions de M. Bergasse.

Mais que le Roi ait, ou non, une Constitution toute faite, ses droits et les nôtres restent les mêmes ; il ne s'agit pas de savoir si telle Constitution est meilleure qu'une autre, mais si c'est le Roi ou la nation qui doit la faire. Ce droit appartient-il à la nation ? elle ne doit s'en désaisir à aucun prix ; parce que, comme on l'a très-bien observé, si le Roi a le droit de *concéder*, il aura aussi celui de *révoquer*, et alors où en sera la nation (1) ?

Or, le droit de la nation n'est pas douteux ; il fut reconnu en 1789, par tous les bons esprits de l'assemblée nationale ; il le fut par MM. Mounier, Lally-Tollendal et Bergasse, qu'on disoit même former un triumvirat constitutionnel ; il le fut plus particulièrement encore par ceux que l'assemblée nationale nomma membres de son premier comité de constitution. L'écrivain dont je viens de rappeler l'opinion, faisoit partie de ce comité ; et pour l'honneur de son caractère, je regrette sincèrement que des persécutions, même injustes, l'aient fait composer avec les principes qu'il avoit autrefois professés.

Au surplus, on peut sans témérité opposer un monarque à un publiciste ; si l'un a étudié, l'autre a pratiqué, et les théories de l'un ne valent pas mieux que l'expérience de l'autre.

Or, l'empereur de Russie a dit hautement, qu'*un peuple réuni en corps de nation avoit seul le droit de se donner des lois, et qu'il étoit maître de déléguer l'exercice de ses pouvoirs à ceux qu'il jugeoit dignes de sa confiance.* Quand de pareilles vérités sortent de la bouche

------

(1) Nécessité d'une constitution.

d'un souverain, et d'un souverain dont l'autorité passe pour despotique ; les méconnoître encore c'est faire un outrage à la raison.

Enfin, toutes ces idées, il ne faut pas croire qu'elles soient nouvelles pour nous; elles avoient germé en France long-temps avant la révolution. Aux Etats-Généraux qui se tinrent sous le règne de Charles VIII, on soutint hautement que le peuple étoit le véritable souverain ; que c'étoit à lui qu'appartenoit le droit de faire des lois : et ne fût-ce que par amour-propre, nous ne devrions pas nous montrer moins éclairés que les Français du quinzième siècle.

Ainsi plus de difficulté; la France doit avoir une Constitution, et ce sont les représentans qui doivent la lui donner ; c'est le Sénat d'un côté et le Corps-Législatif de l'autre, qui doivent seuls en discuter les bases, en rédiger tous les articles : le Roi, comme partie intégrante de cette Constitution, peut bien présenter ses observations, proposer des amendemens et des additions; mais c'est du sein du Sénat et du Corps-Législatif qu'elle doit sortir, pour être proposée à l'acceptation du Roi et de la nation. Tout autre mode seroit une violation des principes; et l'adopter, ce seroit transiger sur des droits certains, ce seroit faire un pas vers le despotisme.

Cependant le Roi, dans sa déclaration et dans une de ses réponses au Sénat, s'est contenté de dire qu'*il mettroit son travail sous les yeux des représentans de la nation, qu'il se concerteroit volontiers avec eux, sur les moyens les plus propres à assurer le bonheur de la France !* Cependant les membres du Sénat et du Corps-Législatif, dont il s'est entouré pour son travail, c'est lui qui les a nommés !

Que conclure de tout cela ? qu'avec de très-bonnes intentions, on peut être quelquefois induit en erreur ; et je serois tenté de dire comme le peuple sous Henri IV : *Ah! si le Roi savoit !.....*

A le bien prendre, au reste, il n'y a aucun ombrage à concevoir de ce qui s'est passé jusqu'ici. Il est impossible que le Roi songe à priver le Sénat et le Corps-Législatif d'un droit sacré ; et s'ils discutent publiquement tous les articles du projet de Constitution que le Roi compte leur faire présenter ; s'ils ont la liberté de rejeter, de modifier, d'ajouter, les formes auront été peut-être un peu froissées, mais le fond aura été respecté, et c'est l'essentiel.

Que si, en effet, à la place d'un simple projet de Constitution, on nous lisoit du haut du trône une déclaration pareille à-peu-près à celle que Louis XVI prononça, au commencement de la révolution, en présence des Etats-Généraux ; si l'on nous forçoit de recevoir ainsi comme un bienfait ce que nous regardons, avec raison, comme un droit imprescriptible....... je le dis avec la certitude d'être avoué par tout ce qui porte un cœur vraiment Français, sous une forme aussi avilissante, je ne voudrois pas de la liberté prétendue qu'on auroit la générosité de m'offrir. — Je me suppose né dans les fers ; je pourrois peut-être consentir à n'être qu'un Affranchi, j'aurois au moins l'espérance que mes enfans seront un jour des Citoyens. Mais si de Citoyen que j'étois, je redescends volontairement à la condition d'un Affranchi, qui me garantit que mes enfans ne seront pas bientôt des Esclaves !

Et, si l'on cherchoit sous une autre-forme, à atteindre le même but ; si, par exemple, on avoit la bizarre idée de ressusciter, à cette occasion, un Sénat et un Corps-Légis-

latif qui, condamnés à un éternel silence, étoient nécessairement un corps sans âme , et qui, ne pouvant rien diviser,
approuvoient tout pour ne pas tout rejeter ; si enfin , on
vouloit s'arranger de manière à ce que les apparences seules
fussent sauvées : j'ose l'espérer du Corps-Législatif ; il ne
craindroit pas d'avoir , sous un roi juste et bon , la même
fermeté que sous le Tyran : j'ose l'attendre aussi du Sénat ;
il retrouveroit sous ses cheveux blancs quelques-unes des
vertus de l'Aréopage ; il ne parleroit plus le langage de l'a-
dulation mais celui de l'austère vérité ; —et leur respectueuse
résistance à tous , seroit en même temps moins injurieuse
pour le Roi , et plus utile à la chose publique que le fameux
serment du Jeu de Paume.

§ IV.

Quelles doivent être les bases de la Constitution ?

Les avis sont très-partagés sur cette question : les uns trouvent que la déclaration du Roi limite trop son autorité ; les
autres décident qu'elle doit nous tenir lieu de Constitution ;
enfin les derniers (et je suis de ce nombre) pensent qu'elle
laisse beaucoup à désirer ; qu'ainsi notre Constitution défi-
nitive doit consacrer plusieurs principes sur lesquels on a
gardé le silence ; qu'elle doit en étendre et en expliquer
d'autres qui ne sont qu'indiqués , ou qui prêtent à l'é-
quivoque.

Parmi les premiers, je remarque d'abord un homme qui
soutient gravement qu'en France l'autorité royale doit être
plus grande qu'en aucune autre monarchie (1). J'en remar-

____

(1) Montigny à M. Bergasse.

que un autre qui affirme qu'il est contre les véritables principes de la monarchie, que la nation juge si le Roi observe
les lois; que quoiqu'il fasse, il faut admirer sa sagesse, et
ne pas chercher à être plus sage que lui (1). — C'est dire,
en d'autres termes, que la France doit aller chercher à
Constantinople ou à Hispahan un code de lois politiques, et
qu'elle doit le conserver avec ce respect religieux que les
Romains eurent long-temps pour les lois de Solon.

Un autre décide que les Rois doivent être déclarés Mineurs, pour tout ce qui tendroit à diminuer la prérogative
royale. (2) — J'avois bien vu agiter quelquefois la question
de savoir si le peuple ne doit pas être réputé mineur, à l'é-
gard de ceux de ses droits dont il se trouvait dépouillé;
mais les Rois mineurs !...... C'est là une de ces conceptions
qui font le plus d'honneur à notre siècle !

 Au sujet de la liberté de la presse, on a dit aussi qu'il ne fal-
lait pas toucher à l'ancien ordre de choses de 1789; que la
peine qu'on infligeoit à un auteur trop hardi, étoit une cor-
rection paternelle. Qu'il étoit bien traité dans sa prison; que sa
solitude étoit adoucie, par la faculté qu'on lui laissoit de faire
des ouvrages plus raisonnables. (3) — J'ai relu cet article à
trois fois, pour m'assurer qu'on parloit sérieusement......
Otez la liberté de la presse, et vous retombez dans la servitude ; c'est la liberté de la presse qui tient les fonction-
naires publics en respect, qui les avertit de leurs devoirs, et
qui nous garantit de l'arbitraire : elle est la vie des états

---

(1) Idées d'un Breton.
(2) Montigny à M. Bergasse.
(3) Montigny à M. Bergasse.

libres ; elle est la mort des gouvernemens despotiques. Les Anglais ont trois choses que les publicistes regardent , avec raison , comme le Palladium de leur liberté : c'est le parlement, l'acte de *habeas corpus* et la liberté indéfinie de la presse. Nous en refuser une seule , c'est nous donner à entendre , de deux choses l'une , ou que nous valons moins , ou que nous sommes plus esclaves qu'eux : mais cette alternative est humiliante ; la nation doit la repousser avec indignation.—Il ne faut pas même de censure. Que des lois sages répriment les abus de cette liberté , rien de mieux ; que des peines très-sévères soient établies contre celui qui aura franchi les bornes, et que les tribunaux les appliquent sans ménagement , j'y consens ; mais que , sous le vain prétexte de maintenir la tranquillité publique , on établisse une censure , quelquefois absurde et toujours vexatoire ; qu'on autoriser la sottise ou la médiocrité à mutiler , au gré de son caprice , les nobles productions du génie ; qu'on étouffe la pensée sous l'appareil d'une inquisition soupçonneuse ; non , je ne saurois me le persuader. Là où il existe une censure , la liberté de la presse a disparu ; de ce moment, un auteur est un homme retenu de tous côtés par des liens invisibles , et à qui l'on veut persuader qu'il est libre.

- Vient ensuite une autre personne qui semble raisonner un peu mieux : elle dit qu'on doit rendre aux émigrés leurs biens, même vendus ; elle s'autorise des stipulations insérées autrefois dans les traités de paix de Nimègue et d'Utrecht au sujet des fugitifs ; elle assure qu'il n'y a ni danger, ni injustice à en ordonner la restitution, puisque les ventes s'en sont toujours faites à vil prix et sans garantie ; elle ajoute

qu'il faut au moins autoriser l'action en lésion et des de-
mandes d'indemnités (1).

Je conviens que le principe de la confiscation des biens
est souverainement injuste, et qu'on a eu tort de l'appli-
quer aux émigrés ; mais enfin cette injustice a été consacrée,
en quelque sorte, par le laps de vingt ans ; elle a été cimen-
tée encore par les nombreuses mutations qui se sont opérées :
les attaquer, même indirectement, ce seroit troubler le repos
de plusieurs millions d'individus, qui ont cru pouvoir dormir
en paix sur cette nature de propriété ; ce seroit vouloir allu-
mer en France une guerre civile interminable.

Nulle comparaison à établir avec ce qui a pu se faire lors
des traités de Nimègue et d'Utrecht : là il s'agissoit de quelques portions de biens peu considérables qu'on avoit peut-
être vendues en masse ; ici il est question de propriétés qui
couvrent une grande partie de notre territoire, et que la
politique de la Convention avoit presque subdivisées en
autant de lots qu'il y avoit de Français.

Peu importe que quelques vendeurs s'en soient défaits à
vil prix et sans garantie : les acquéreurs ne s'en sont pas
moins accoutumés à l'idée qu'ils étoient propriétaires in-
commutables ; et il pourroit en coûter cher de leur ôter
cette conviction.

N'écoutons donc pas ceux qui prétendent que la déclaration du Roi est entachée de Républicanisme ; mais sont-ils
plus raisonnables ceux qui pensent qu'elle renferme la garantie de tous nos droits ?

Pour s'en assurer, il conviendroit de voir si elle s'est ex-

____

(1) Opinions d'un membre du Corps-Législatif.

pliquée sur tous les points importans, et si elle s'est expli-
quée suffisamment.

Or, cet examen nous conduiroit nécessairement à la dernière des opinions qui se sont formées au sujet de cette
déclaration. Ainsi, pour abréger, contentons-nous de re-
chercher ce que la constitution doit régler à l'égard des deux
Chambres, ce qu'elle doit régler à l'égard du Roi, et ce
qu'elle doit régler enfin à l'égard des autres branches prin-
cipales de l'administration.

Je commence par ce qui concerne les deux chambres,
parce qu'elles représentent la nation, et que cette priorité
de rang doit indiquer (à défaut d'une stipulation expresse)
que la souveraineté réside essentiellement dans la nation.

Maintenant donc, la première observation à faire, c'est
qu'il me paroît nécessaire que la constitution leur assure l'initiative des lois concurremment avec le Roi : c'est là la pierre
sur laquelle repose tout l'édifice ; si l'initiative étoit laissée
exclusivement au Roi, nous n'aurions que la carcasse d'un
Gouvernement représentatif ; nous ne serions que de mau-
vais singes de l'Angleterre ; on remarqueroit dans notre organisation politique cette monstruosité, que la portion de
l'autorité législative qui connoît le mieux les maux de la
nation, seroit seule exclue du droit d'en provoquer le sou-
lagement. Il y a mieux, nous laisserions mettre en problème
si le droit de décréter la loi n'est pas une concession volon-
taire qui nous est faite, tandis qu'il est réellement un de nos
attributs les moins équivoques.

On a bien fait assez pour le Roi dans les Gouvernemens
mixtes, en lui laissant sa part de l'initiative, et en lui accor-
dant le *velo* : faire davantage, ce seroit rompre tout l'équilibre.

Vainement nous offriroit-on, à la place de cette initiative, le droit illusoire et humiliant de présenter des *doléances*, et de faire des *remontrances*.... Nos doléances seroient bientôt accueillies avec mépris ; nos remontrances seroient bientôt traitées de rébellion ; et pour les faire cesser, on verroit le Roi déployer, à chaque instant, tout l'appareil des anciens lits de justice.

Il faut ensuite s'occuper dans la constitution, de la manière dont sera composé le Sénat ; il faut fixer le nombre de ses membres, dire qu'ils seront nommés par le Roi, décider que l'État pourra, comme en Angleterre, leur assurer des dotations, stipuler enfin qu'ils seront héréditaires. Cette dernière clause est de rigueur, elle est un des plus sûrs garans de la liberté publique, et elle n'étouffe pas l'émulation, parce qu'il y a toujours des vacances.

Je passe à l'organisation du Corps-Législatif ; et pour traiter d'abord les questions d'un moindre intérêt, je crois qu'il convient de lui accorder un traitement. Je connais tout ce qu'on peut dire pour l'opinion contraire ; je sais qu'on peut s'étayer de l'exemple de l'Angleterre ; mais je n'en suis point ébranlé. D'un côté, nous sommes pauvres et l'Angleterre est riche ; de l'autre, l'éducation de la classe aisée n'est pas tournée chez nous du côté de l'étude des lois et de la politique : elle reste presque toujours étrangère aux règles de l'administration civile et financière. Que nos législateurs ne reçoivent point de traitement : les gens qui n'ont qu'une fortune bornée, et qui exercent une profession lucrative, y regarderont à deux fois avant de consentir à un déplacement ; et de cette manière, le Corps Législatif restera l'apanage exclusif des gens riches sans capacité.

Quant au danger de la corruption, il existe dans tous les

systèmes : celui qui n'a pas besoin d'argent acceptera sans scrupule une place. Il n'y a qu'un moyen d'affoiblir ce danger, c'est de fixer le choix du public sur des hommes probes; c'est encore de décider que les législateurs ne pourront accepter d'emplois à la nomination du roi, qu'un ou deux ans après l'expiration de leurs fonctions.

Il est à propos de déterminer ensuite l'âge qu'il faudra avoir pour siéger au Corps législatif : il ne paraît pas convenable qu'il reste fixé, comme par le passé, à quarante ans; et cette observation s'applique aussi aux membres du Sénat. Si les sénateurs et les législateurs se sont endormis pendant des années entières sur les bords de l'abîme, c'est un peu leur âge qui en est cause : la vieillesse et l'âge mûr sommeillent souvent; la jeunesse veille toujours. Il ne faut pas, sans doute, qu'elle domine dans les corps délibérans; mais il est utile qu'elle y soit clair-semée; elle y joue le rôle de sentinelle perdue ; c'est ensuite aux hommes graves à diriger ses mouvemens : des jeunes gens comme MM. Pitt et Barnave ne dépareront jamais une assemblée. Il faudrait donc qu'à trente ou trente-cinq ans, on pût faire partie, soit du Corps législatif, soit du Sénat (1).

Quant au nombre des législateurs, il seroit à désirer qu'il fût augmenté : d'après les cessions de territoire que nous allons faire, le Corps législatif sera réduit à deux cent soixante membres : or, deux cent soixante personnes ne représentent pas convenablement une population de vingt-

---

(1) Et si l'on redoutoit la précipitation que la jeunesse met quelquefois dans ses délibérations, on pourroit dire qu'il n'y aura jamais de lois rendues dans chaque chambre qu'après trois lectures, à moins que le Roi lui-même ne les provoque.

cinq millions d'âmes; elles ne sont pas les fidelles interprètes du vœu de la nation. D'ailleurs, moins une assemblée est nombreuse, plus la séduction est à craindre : en
Angleterre, la population des trois royaumes n'excède
guère douze millions, et cependant la chambre basse se
compose de près de six cents membres. D'après la constitution de 1791, l'Assemhlée législative devoit être de sept
cent quarante-sept personnes. Il me semble que l'on concilieroit tout en portant le nombre des législateurs à quatre
cents environ.

Il faut aussi dire un mot des qualités requises pour être,
soit législateur, soit électeur. Je suis bien d'avis qu'à cet
égard, là propriété soit comptée pour beaucoup; mais je
crois qu'il convient d'accorder aussi quelque chose à la profession : dire que le magistrat, le médecin, l'homme de
lettres et l'avocat ne sont intéressés au maintien de l'ordre
qu'autant qu'ils possèdent cent ou deux cents arpens de
terre, c'est les ravaler au-delà de toute expression ; c'est
ranger dans la dernière classe de la société des hommes qui
l'honorent souvent par leur zèle, leurs talens et leur probité. Qu'on y prenne garde : nous ne voulons pas aujourd'hui de l'aristocratie des lumières; nous lui préférons celle
de la fortune ; demain, peut-être, nous serons aussi effarouchés de l'aristocratie des vertus.

Mais la question vraiment importante, c'est celle de savoir si les législateurs seront nommés directement par la nation; ou si ce sera le roi qui, faisant, quant à ce, les fonctions de l'ancien Sénat, les nommera lui-même sur une liste
triple ou quadruple envoyée par les colléges électoraux de
chaque département : or, les raisons se présentent en foule
pour faire admettre le premier mode de nomination.

Comme partie intégrante de l'autorité législative, le roi ne doit coopérer en aucune manière à la formation de la chambre des représentans : car, influant déjà sur celle de la chambre haute, il arriveroit que l'autorité législative seroit comme concentrée dans sa personne; et, sous ce rapport déjà, l'organisation du corps politique seroit vicieuse.

Comme pouvoir exécutif, il le peut encore moins : car, nommant en quelque sorte la chambre haute, il feroit, d'une manière indirecte, la loi qu'il est chargé d'exécuter; et c'est là un des caractères de la monarchie résolue.

Voilà pour les principes : s'agit-il des conséquences, elles sont inappréciables; celui qui, pour l'emporter sur ses concurrens, est venu faire bassement sa cour, entre au Corps législatif avec des dispositions plus qu'équivoques; l'air qu'il a respiré lui a été funeste : il étoit l'ami du peuple; il est presque devenu un fauteur du despotisme.

Quant au droit que doit avoir le Roi de dissoudre le Corps législatif; quant à la publicité à donner aux discussions; quant au mode de nomination des présidens; quant, enfin, à la durée des sessions, et à la faculté des réélections, il me paroît que le mieux seroit de rappeler les dispositions du Sénat ; seulement il faut remarquer que, si le Roi a le droit de dissoudre le Parlement, le Corps législatif ne pourra plus se renouveler par série.

Je ne parle pas de ce qu'il convient de décider à l'égard des législateurs actuels : il seroit peut-être bien qu'ils restassent quelque temps en place, tout comme il est indispensable que les anciens sénateurs soiens conservés sans exception ; mais le mieux est que leur sort soit réglé seulement par une loi, par un appendice de la constitution.

Je passe maintenant à ce qui regarde le Roi ; et me voilà conduit naturellement à examiner l'article de la constitution du Sénat, qui portoit que *le peuple français appelle librement au trône Louis Stanislas Xavier, frère du dernier Roi.*

Il s'est élevé sur cela beaucoup de réclamations : on auroit voulu que l'article portât de *l'oncle,* et non du *frère* du dernier Roi (1). On auroit voulu aussi que le peuple français *rappelât* et *n'appelât* pas (1). On soutient que le fils de Louis XVI a été Roi de France, et que son oncle l'étoit également avant que nos vœux l'eussent ramené au milieu de nous.

Mais il n'y a qu'une passion tout-à-fait aveugle qui puisse raisonner ainsi : si le fils de Louis XVI a été notre Roi, si son frère l'étoit aussi depuis vingt ans, nous ne sommes que des rebelles dignes du dernier supplice ! — Si la dynastie des Capets n'a pas cessé de régner en France, tous les sermens que nous avons prêtés à nos autres chefs, sont autant de parjures dont la tache est ineffaçable ; et dans cette armée où l'honneur français semblait s'être conservé intact pendant les orages de la révolution, on pourra compter beaucoup de chevaliers *sans peur ;* mais on n'y trouvera pas un Bayard ! — Si les Bourbons ont eu seuls le droit de nous gouverner, comment qualifier ces traités que la Prusse, l'Espagne, l'Autriche, la Russie et l'Angleterre ont successivement consentis avec le Directoire et avec Buonaparte ? Ils ne sont autre chose qu'un pacte honteux entre Louis XIV

---

(1) Réflexions d'un sujet de Louis XVIII.
(2) Lettre d'un sénateur absent.

et Mandrin ; et la postérité les mettra sans doute à côté de ceux que des mêmes puissances ont osé faire avec la Suisse et la Hollande , révoltées depuis plus deux siècles, l'une contre la maison d'Autriche, l'autre contre Philippe II ! — Enfin, si les Bourbons ont toujours été nos Rois légitimes, ce Pontife, à qui l'histoire réserve une place honorable dans ses Annales, à qui la religion donnera peut-être le nom de Saint, et qui est venu de Rome à Paris pour cimenter le pacte qui s'étoit formé entre les Français et Bnonaparte; ce Pontif vénérable, dis-je, n'est plus que le dépositaire infidèle de la puissance du Très-Haut !

Le mot de *rébellion* a bien été prononcé, en effet, par le même magistrat qui, au nom du département de la Seine-Inférieure, avait déclaré que nous ne voulions d'autres lois que celles que le roi daigneroit nous donner; nous avons bien entendu aussi les *Vendéens en corps* parler de Louis XVII et de son règne légitime.....; mais s'il est vrai que que le roi aperçoive encore des Vendéens là où je me plaisois à croire qu'il n'existoit plus que des Français ; si, rendant justice à de grands talens, il a mis à la tête de ses conseils un homme qui ne voit en nous que des sujets révoltés , sa haute sagesse m'est au moins un sûr garant qu'il désapprouve, et qu'il contiendra désormais l'expression de sentimens aussi injurieux à la nation française.

Ceci rentre, au reste dans la question de savoir si les Bourbons ont prescrit leurs droits anciens à la couronne de France, et comme j'ai établi qu'elle devoit se décider affirmativement, il me paraît indispensable de conserver l'article de la constitution du Sénat dans toute son intégrité.

Maintenant le Roi s'intitulera-t-il, dans son protocole, *Roi de France et de Navarre, par la grâce de Dieu,* comme le demandent quelques personnes (1), ou *Roi des Français, par la grâce de Dieu et les constitutions du royaume?*

Je n'hésiterois pas à adopter cette dernière rédaction : d'abord il est inconvenant d'appeler le Roi de France *Roi de Navarre*, puisqu'il ne règne plus sur la Navarre : nous nous sommes moqués, et avec raison, des rois d'Angleterre qui s'intituloient rois de France; n'autorisons pas les Espagnols à venger les Anglais de nos sarcasmes. Ensuite, dire qu'on est roi de France, c'est annoncer, jusqu'à un certain point, qu'on est propriétaire du sol; et dire qu'on est propriétaire du sol, c'est établir, d'une manière au moins indirecte, qu'on est maître des habitans. Mais un Roi n'est pas le propriétaire du royaume qu'il gouverne; il n'est pas mieux le maître des habitans : il est simplement leur chef; chez nous il doit donc s'appeler *Roi des Français*. Ce n'est là peut-être qu'une dispute de mots; mais si jamais les mots ont eu quelque influence sur les idées, c'est dans une matière aussi grave.

Enfin, il doit s'intituler Roi des Français, *par la grâce de Dieu et par les constitutions du royaume* : ces dernières expressions rappelleront à tout le monde qu'il est le roi d'une nationlibre; il y a mieux, elles sont la conséquence du principe que son véritable titre à la couronne de France est dans la Constitution : ainsi il est indispensable qu'elles se trouvent dans le protocole.

Quant à la puissance exécutrice du Roi, il me paraît juste qu'elle ait toute l'étendue possible; sur cela les règles sont

---

(1) Observations sur la déclaration du Roi, par M. Prévôt-d'Yray.

connues : il seroit donc inutile de les rappeler. Je me contente d'observer que si j'étois appelé à opiner sur la question, je voterois même pour le droit de guerre et de paix ; mes motifs seroient qu'à cet égard une nation est toujours dans la dépendance de son chef, et que le remède est d'ailleurs dans la faculté de lui refuser des subsides.

Mais je voudrois que le roi fût réduit à une liste civile convenable, et qu'il ne pût avoir ni Domaine privé ni Domaine extraordinaire. Dans l'état actuel des choses, ce seroit même d'autant plus naturel, que les Domaines extraordinaire et privé de Buonaparte étoient certainement la propriété de l'Etat, et qu'il seroit juste de les employer à acquitter une partie des charges qu'il nous a laissées.

Je voudrois aussi que le Roi nous appelât des Français, et non *des sujets* : on peut aimer beaucoup son Roi, sans se croire son sujet ; le respect et la soumission sont même assez souvent exclusifs de l'attachement. Au surplus, celui qui, par ses représentans, s'élève jusqu'aux fonctions de législateur, et qui fait en cela un acte de souveraineté non équivoque, ne peut être réputé un sujet.

Je voudrois, enfin, avec un homme dont je partage, sur plusieurs points, les opinions (1), qu'on posât quelques règles sur la régence, sur le serment que le Roi doit prêter à son avènement au trône, sur le consentement que les deux chambres doivent donner à son éloignement du royaume et à son mariage, sur le cas où une loi seroit votée à plusieurs reprises par le Corps législatif et le Sénat.

Je n'ose pas parler de déchéance : c'est une matière trop

----

(1) De la Constitution de 1814 ; par M. Grégoire.

délicate. D'ailleurs, un architecte, si prudent qu'il soit, n'a jamais pris de précautions contre les tremblemens de terre.

J'arrive aux autres dispositions qui ne regardent directement, ni le Roi, ni les deux chambres.

Au sujet de l'impôt, il me paroît convenable de conserver l'article de la Constitution du Sénat qui y avoit rapport ; mais il faudroit ajouter que le droit de consentir des emprunts, appartient exclusivement aux deux chambres.

A l'égard de la liberté individuelle, il suffit de rappeler le principe sur lequel repose l'*habeas corpus* des Anglais.

Touchant la liberté de la presse, il ne faut pas dire comme dans la déclaration du Roi, qu'elle sera respectée, *sauf les précautions nécessaires à la tranquillité publique* ; il faut dire comme dans la constitution du Sénat, *sauf la repression légale des délits qui pourroient résulter des abus de cette liberté*, ce qui veut dire, en d'autres termes, *sauf l'action de la partie lésée ou du ministère public devant les tribunaux*. Je ne saurois trop le respecter, toute autre disposition seroit une violation du droit naturel : on ne punit pas ma pensée, mais mes discours, quand ils sont injurieux et diffamatoires. Attendez donc que j'aie publié mes écrits, et vous examinerez s'ils sont réellement répréhensibles. Ma personne est une caution suffisante des réparations dont je pourrai être tenu.

En ce qui concerne les cultes, il ne suffit pas non plus de dire comme dans la déclaration du Roi, que la liberté en est garantie ; il faut ajouter que tous les cultes sont salariés, sans exception, et qu'il n'y a ni religion de l'Etat, ni religion dominante. Ayez une religion dominante, bientôt

après il y aura des préférences accordées à ceux qui la pro-
fessent ; plus tard , les dissidens seront exclus de fait de
tous les emplois ; et , dans l'éloignement , j'entrevois les
persécutions et la guerre civile. Autre observation : si par
suite de la liberté indéfinie des cultes , on tolère les ordres
religieux , la prudence veut au moins qu'on ne leur per-
mette pas de devenir propriétaires en nom collectif ; il ne
peut y avoir d'exception à cette règle que pour les établis-
semens d'utilité publique.

Au sujet des biens nationaux , et des biens d'émigrés surtout , on doit sentir la nécessité d'en rassurer complète-
ment les détenteurs. En conséquence , après avoir dit
que la vente des biens nationaux restoit irrévocable , j'a-
jouterois que les propriétaires actuels *ne sont tenus à
aucune indemnité envers qui que ce soit.* Cela n'em-
pêcheroit pas les gens délicats et scrupuleux de se croire
encore liés , et de prendre des arrangemens avec les propriétaires dépossédés.

La responsabilité des ministres doit aussi être détaillée
comme dans la constitution du Sénat ; on doit dire qu'ils
sont responsables de tout ce que les actes signés par eux
contiendroient d'attentatoire aux lois, à la liberté publique
et individuelle et au droit des citoyens. Cette responsabilité
doit être d'autant moins illusoire qu'elle seule fait cesser
les dangers de l'inviolabilité du Roi , en faveur duquel de
hautes considérations ont fait fléchir le principe que tout
mandataire est comptable envers son commettant. D'après
cela , il seroit convenable de décider dès à présent une question qui divise l'Angleterre , et de statuer que le Roi ne
peut jamais faire grâce à un ministre.

Il ne faut pas non plus se borner à annoncer que les juges

sont inamovibles, que le pouvoir judiciaire est indépendant; il est à propos d'ajouter, ou d'insérer au moins dans l'appendice de la constitution, que les juges actuels étant institués à vie, ils ne peuvent être remplacés, hors des cas prévus par la loi. Il convient surtout de poser en principe que les places de magistrature ne seront jamais rendues vénales. Ne perdons pas de vue que ce système de vénalité étoit un des abus contre lesquels on crioit le plus sous l'ancien régime; que la raison comme la politique l'ont justement proscrit ; que des juges doivent être avant tout des gens éclairés, et que celui qui a payé sa charge, croit avoir aussi acheté le droit d'être un ignorant.

Quant à l'institution des jurés et à la peine de confiscation, rien de mieux que de conserver l'une et d'abolir l'autre. Rien de mieux encore que de prononcer la suppression générale de ces tribunaux extraordinaires, de ces cours spéciales, dont le premier acte a été la condamnation du général Moreau, et qui sont tout aussi effrayantes pour l'humanité que la chambre ardente de Louis XIV, et la chambre étoilée de Henri VIII.

Il seroit bien enfin qu'on rappellât le principe posé dans la constitution du Sénat, que les tribunaux se complèteront par des listes triples sur lesquelles le Roi sera obligé de faire un choix. C'est un moyen sûr d'assurer leur entière indépendance, et d'y maintenir cet esprit de corps qui les attache à leurs devoirs; c'est prendre un juste milieu entre la constitution de 1791, qui faisoit nommer les juges par la nation, et celle de l'an VIII, qui en laissoit le choix au pouvoir exécutif. Ce qui achèveroit d'établir l'équilibre, ce seroit de laisser au roi la nomination de tous les présidens sans exception.

En déclarant que l'ancienne et la nouvelle noblesse sont conservées, il est à propos de dire que la nouvelle est aussi héréditaire, et que le bénéfiice de cette disposition s'applique à ceux qui ont des majorats, comme à ceux qui n'en ont pas, à la noblesse militaire et à la noblesse civile. Les droits des uns et des autres sont les mêmes : d'ailleurs le moyen le plus salutaire qu'on puisse prendre pour diminuer leur influence quelque-fois dangereuse, c'est de leur associer tout ceux qui y ont un titre apparent, et dont ce hochet flatte la vanité. Je sais très-bien que l'ancienne noblesse criera au scandale ; mais qu'elle nous montre ses parchemins, et nous verrons si la source de son illustration fut toujours bien pure et bien glorieuse.

En maintenant la Légion d'Honneur, on doit, ce me semble, décider que ce sera désormais le seul ordre de chevalerie snbsistant en France, sauf au Roi à le réunir à l'ordre de Saint Louis et à lui donner la même décoration. Je trouve que lorsqu'on établit ou qu'on conserve des distinc-tions honorifiques de cette nature, il faut au moins les rendre communes à toutes les classes de la société, pour annoncer hautement que chacun dans sa sphère a rendu les mêmes services à sa patrie et a les mêmes droits à l'estime publique. Ensuite il m'a toujours paru que la considération attachée à ces petits morceaux de ruban, étoit en raison inverse de la profusion avec laquelle on les distribue : j'ai peine à me persua-der, par exemple, que trente mille personnes aient pu rendre le même jour d'éminens services à la chose publique. En Angleterre, on est fier d'avoir mérité l'ordre de la Jarretière, parce qu'il est seul et qu'il n'est point prodigué ; mais dans un pays où il existeroit autant de décorations différentes qu'il y a de couleurs dans l'Arc-en-ciel, on ne devroit pas s'enor-gueillir d'avoir reçu quelques-unes de ces marques de distinctions ; tout ce qu'il y a, c'est que n'en pas obtenir, seroit quelquefois un déshonneur. L'Etat, qui éprouveroit le besoin de tant et tant de futilités, sembleroit marcher à grands pas vers sa décadence ; la République Romaine étoit florissante à l'époque où ses plus habiles généraux ne recevoient du Sénat qu'une simple couronne de chêne ou de laurier ; elle pencha vers sa ruine, du moment où, pour mieux honorer leurs triomphes, on crut devoir épuiser toutes les recherches d'un luxe Asiatique.

Sur le mode du recrutement de l'armée, il y a aussi quelques observations à faire. Il faut, je crois, poser le principe que le Roi ne pourra pas avoir des troupes étrangères à la solde de l'Etat, sauf peut-être le cas de guerre. Des troupes étrangères sont l'épouvantail de la liberté. Dans les temps ordinaires, le Roi doit être entouré exclusivement de troupes françaises ; et c'est encore un devoir plus impérieux aujourd'hui, que la fatalité des circonstances oblige de licencier un grand nombre de militaires qui auroient été charmés de mourir sous leurs drapeaux ; ôter leur existence à des Français dont on n'a point à se plaindre, et cela pour pouvoir entretenir un corps de Suisses ou de Polonais, ce serait, selon moi, le comble de l'injustice. Qu'auroit-on à leur répondre, si, en découvrant leurs blessures, ils venoient réclamer contre cet affront fait à leur valeur et à leur loyauté ?

Il convient également de déclarer, comme l'avoit fait le Sénat, que toutes les lois actuellement existantes resteront en vigueur, jusqu'à ce qu'il y soit dérogé. Peut être même qu'il seroit à désirer qu'on maintînt de suite nos différends Codes dans toutes leurs parties. On l'a dit avec raison : l'essentiel c'est d'avoir des lois qu'elles qu'elles soient, et ce n'est pas avoir des lois que d'en changer à chaque instant.

Quelques personnes se récrient contre les dispositions relatives au Divorce ; mais ne faut-il pas que le Divorce soit toléré pour les Protestans, et pour tous ceux à qui leur conscience n'en fait pas un crime ? Mais le Divorce enfin est-il plus immoral que la séparation de corps, qui régularise en quelque sorte le concubinage des deux sexes ?

La division actuelle du territoire est encore un objet qui doit être consacré par la Constitution. Elle peut avoir ses inconvéniens, mais elle est sans contredit préférable à la division irrégulière d'autre fois. D'ailleurs, il en est un peu de cette division territoriale comme des biens nationaux ; il s'agit de savoir, non pas si elle pouvoit être meilleure, mais si un changement ne feroit pas de mécontens ; et je crois que sur cela il ne peut pas s'élever de doute sérieux.

Ce seroit peut être le cas de me joindre à l'auteur d'une des brochures que j'ai sous les yeux, (1) et d'exprimer le vœu que, dans la Constitution, on songe à régler le droit de cité, à assurer le secret des lettres, à garantir l'inviolabilité du domicile des citoyens, à maintenir l'uniformité des poids et mesures, à conserver notre nouveau système monétaire et à confirmer l'abolition des anciennes jurandes et corporatious. Mais je sens le besoin de terminer des réflexions, auxquelles je ne croyois pas même donner tant de développement.

Peut être serait-il aussi convenable de demander qu'on déterminât les cas dans lesquels il seroit permis de résister à un ordre qu'on sauroit être arbitraire, à un ordre d'exil, par exemple : (2) en cela, nous ne ferions que suivre l'exemple de l'Angleterre.

______

(1) De la Constitution de 1814 ; par M. Grégoire.

(2) On assure qu'un de nos Généraux vient de recevoir l'ordre de se rendre dans ses terres : je ne puis le croire.

Mais nous sommes trop près de ces temps désastreux, où l'on disoit que *l'insurrection étoit le plus saint des devoirs*. Je ne veux rien dire qui puisse être mal interprété, qui puisse faire suspecter mes véritables sentimens : autant je suis l'ami d'une liberté sage, autant je professe d'horreur pour les excès de la démagogie. Si, sans m'en appercevoir, j'avois outré quelques principes, forcé quelques conséquences, la faute en seroit peut être à ces hommes inconsidérés que j'ai vus tout bouleverser dans le moment même où ils parloient d'ordre et de restauration ; je suis le partisan sincère, mais raisonnable, des Bourbons ; j'espère que, sous leur règne, notre heureuse patrie reprendra bientôt son rang et sa splendeur, parce que je suis convaincu qu'ils montent sur le trône avec des intentions toutes paternelles ; je les entoure de tous mes vœux, parce que j'aime à me persuader qu'éclairés sur les besoins de la France, et sur les dispositions de ses habitans, ils seront les premiers à concourir au grand œuvre de notre régénération.

Je répugnerai toujours à croire que je devois, il y a dix ans, obéissance à Louis XVIII ; mais qu'on nous donne une constitution solennellement discutée, librement acceptée par les représentans de la Nation, et je m'écrierai volontiers, dans toute l'effusion de mon cœur : *Vive le Roi ! vive le père de la patrie !*

www.ingramcontent.com/pod-product-compliance
Lightning Source LLC
Chambersburg PA
CBHW061244030726
47595CB00004B/1685